Saskia Schumann

Die Konzeption einer Werkstatt für behinderte Me

Saskia Schumann

Die Konzeption einer Werkstatt für behinderte Menschen

GRIN Verlag

Bibliografische Information der Deutschen Nationalbibliothek: Die Deutsche Bibliothek
verzeichnet diese Publikation in der Deutschen Nationalbibliografie; detaillierte bibliografische Daten sind im Internet über http://dnb.d-nb.de/ abrufbar.

1. Auflage 2004
Copyright © 2004 GRIN Verlag
http://www.grin.com/
Druck und Bindung: Books on Demand GmbH, Norderstedt Germany
ISBN 978-3-638-76147-5

Inhaltsangabe

1. Einleitung

In meiner wissenschaftlichen Arbeit möchte ich mich mit den Möglichkeiten und Grenzen der Arbeitsanpassung an die individuelle Situation des einzelnen Behinderten unter Betrachtung des wirtschaftlichen und pädagogischen Aspektes auseinandersetzen.

Meine Motivation zu dieser Arbeit begründet sich darin, dass ich selber im Werkstattbereich tätig war und aufgrund der Diskrepanz zwischen den ökonomischen und pädagogischen Zielen diese Arbeit nicht mehr weiter ausführen wollte.

Ich werde versuchen in meiner Arbeit zuerst darauf einzugehen, welche Bedeutung Arbeit hat. Danach werde ich versuchen einen Einblick in die Arbeit behinderter Menschen zu geben. Hierbei werde ich mich auf die Arbeit in einer Werkstatt für behinderte Menschen beziehen, wobei es mir wichtig ist, ganz persönlich Eindrücke und Gedanken mitzuverarbeiten.

Weiterhin werde ich versuchen deutlich zu machen, in wie weit sich die wirtschaftliche Situation auch auf die Werkstätten auswirkt und welche Folgen dies für die Beschäftigten haben kann.

2. Bedeutung von Arbeit für den erwachsenen Menschen

Mit der Definition Arbeit muss man vorsichtig umgehen, da Arbeit für jeden Menschen etwas anderes bedeuten kann. Für den einen ist es Arbeit ein Buch zu lesen, da er die Informationen daraus braucht, für den anderen ist das Lesen dieses Buches reines Vergnügen. Dennoch wird Arbeit z.B. wie folgt definiert:

„Volkswirtschaftlich gesehen, ist jede Arbeit eine auf ein wirtschaftliches Ziel gerichtete menschliche Tätigkeit; neben Boden und Kapital wichtigster elementarer Produktionsfaktor; nach den Merkmalen der Arbeit unterscheidet man freie und unfreie, gelernte und ungelernte, körperliche und geistige, dispositive (leitende) und exekutive (ausführende) Arbeit. Die spezifische Arbeit des Individuums bildet den Inhalt seines Berufes." (Vgl. Knaurs Lexikon, München 1991)

Eine weitere Definition von Arbeit wäre folgende:

„Arbeit hat einen hohen sozialen und politischen Stellenwert. Sie sichert Lebensunterhalt und schafft Produktivität. Arbeit folgt dem Gesetz von Leistung und Gegenleistung. Sie kann

belastend sein. Arbeit bedeutet aber auch gesellschaftliche Anerkennung und Integration. Sie eröffnet individuelle Entfaltungsmöglichkeiten, den Weg zu Mitmenschen, zur Teilnahme an der Gemeinschaft." (Zitat: Geistige Behinderung, S. 7 ff., 2000)

Somit ist zu sagen, dass Arbeit ein wichtiger Bestandteil des Lebens ist, an dem jeder teilhaben sollte. Arbeit sichert das Überleben. Sowohl in materieller, als auch in emotionaler, sozialer und physischer Hinsicht. Arbeit ist demzufolge sehr wichtig für den Menschen, egal was ihr für verschiedene Bedeutungen zugeordnet werden. Arbeit macht einen großen Teil unseres gesellschaftlichen Lebens aus und lässt uns einen Teil davon sein.

3. Bedeutung von Arbeit für den geistig behinderten Erwachsenen

Am Anfang ist zu erwähnen, dass Arbeit für den geistig behinderten Erwachsenen erst einmal die gleiche Bedeutung hat, wie für einen nicht behinderten Erwachsenen.

Allerdings wird in einer Werkstatt für behinderte Menschen zwischen „Arbeitsplätzen" einerseits und „Plätzen zur Ausübung einer geeigneten Tätigkeit" unterschieden, wodurch auf die unterschiedliche Leistungsfähigkeit der behinderten Menschen aufmerksam gemacht werden soll.

Wo liegt also der Unterschied?

- Arbeiten Menschen mit Behinderungen anders?
- Leisten sie weniger?
- Ist ihre Arbeit weniger wert?
- Was genau kennzeichnet die Arbeit von geistig behinderten Menschen?

.

Laut Experten, u.a.U. Wilken, kennzeichnet sich Arbeit für Behinderte durch 3. Merkmale:

1. Arbeit dient der „Lebensfristung" und orientiert sich am Gehalt. Die Leistungsfähigkeit steht im Vordergrund. In der WfbM wird Arbeit durch Hilfsmittel und Vorrichtungen der aktuellen Leistungsfähigkeit angepasst.

2. Arbeit dient der „Lebensbereicherung" und orientiert sich am Lebenssinn. Die Entwicklung der Persönlichkeit sollte im Vordergrund stehen. In der Werkstatt wird Arbeit pädagogisch aufgearbeitet und kann als angemessene Arbeit bezeichnet werden.

3. Arbeit dient der „Lebenserweiterung" und orientiert sich am Normalisierungsprinzip. Arbeit ist ein fester Teil des Alltags und kann als strukturierte Arbeit bezeichnet werden. Dieser Gesichtspunkt gilt vor allem für Menschen mit schwerster Behinderung.

Gerade für Behinderte bedeutet das Arbeiten in einer Werkstatt vor allem soziale Kontakte und Anerkennung.

Sie kommen aus ihrem „behütetem" Umfeld heraus und müssen sich in eine Gemeinschaft (Arbeitsgemeinschaft) eingliedern. Arbeit wird mit „Erwachsensein" in Verbindung gebracht. Arbeiten bedeutet für sie, dass sie ernst genommen werden, sie von „Nutzen" sind. Arbeiten bedeutet Normalität. Und viele Behinderte wünschen sich, dass sie als „Normal" angesehen werden, bzw. dass sie nicht wie Kleinkinder behandelt werden.

Arbeit ermöglicht ihnen Selbstbestimmung. So sollen diese Menschen lernen, Handlungen möglichst selbstbestimmt zu planen, durchzuführen und zu bewerten. Sie sollen mit anderen zusammenarbeiten und sich austauschen. Sie sollen sich ihrer selbst bewusster werden und einen Sinn im eigenen Handeln finden.

Durch Arbeit hat man die Möglichkeit viele Fähigkeiten zu erwerben, wie z.B. Flexibilität, Selbsteinschätzung, Teamfähigkeit, Denken in Zusammenhängen, Verantwortung, Qualitätsbewusstsein, Lernbereitschaft, Toleranz, Rücksichtnahme, Kommunikations- und Konfliktfähigkeit usw.

Es ist darauf zu achten, dass man gerade in einer WfbM adäquate Arbeitsangebote macht, die vor allen den sozialen, personalen und materiellen Aspekt von Arbeit abdecken und individuell auf den Einzelnen zugeschnitten sind.

Wichtig ist jedoch auch, wenn man über die Bedeutung von Arbeit für geistig Behinderte spricht, die zu fragen, die Arbeiten sollen, wollen oder dürfen.

U. Wilken hat den Beschäftigten einer Werkstatt für behinderte Menschen die Frage gestellt, was ihnen am Arbeitsplatz besonders wichtig ist.

Die 16 Antworten hat er in seinem Buch „Arbeit + Lebenserfüllung in WfB..." veröffentlicht. Sie wurden in folgender Reihenfolge gegeben:

1. Freunde haben
2. anderen helfen
3. gelobt werden
4. Geld haben
6. lernen
8. mitbestimmen

(Vergl. U. Wilken, 1999)

4. Definition Werkstatt für behinderte Menschen

Laut §136 des neunten Sozialgesetzbuches vom 10. Dezember 2001 heißt es:

„Die Werkstatt für behinderte Menschen ist eine Einrichtung zur Teilhabe behinderter Menschen am Arbeitsleben im Sinne des Kapitel 5 des Teils 1 und zur Eingliederung in das Arbeitsleben. Sie hat denjenigen behinderten Menschen, die wegen Art oder Schwere der Behinderung nicht, noch nicht oder noch nicht wieder auf dem allgemeinen Arbeitsmarkt beschäftigt werden können,

(1) 1. eine angemessene berufliche Bildung und eine Beschäftigung zu einem ihrer Leistungen angemessenen Arbeitsentgelt aus dem Arbeitsergebnis anzubieten und

2. zu ermöglichen, ihre Leistungs- und Erwerbsfähigkeit zu erhalten, zu entwickeln, zu erhöhen oder wiederzugewinnen und dabei ihre Persönlichkeit weiterzuentwickeln.

Sie fördert den Übergang geeigneter Personen auf den allgemeinen Arbeitsmarkt durch geeignete Maßnahmen. Sie verfügt über ein möglichst breites Angebot an Berufsbildungs- und Arbeitsplätzen sowie über qualifiziertes Personal und einen begleitenden Dienst.

(2) Die Werkstatt steht allen behinderten Menschen im Sinne des Absatz 1 unabhängig von Art oder Schwere der Behinderung offen, sofern erwartet werden kann, dass sie spätestens nach Teilnahme an Maßnahmen im Berufsbildungsbereich wenigstens ein Mindestmaß wirtschaftlich verwertbarer Arbeitsleistung erbringen werden. Dies ist nicht der Fall bei behinderten Menschen, bei denen trotz einer der Behinderung angemessenen Betreuung eine erhebliche Selbst- oder

Fremdgefährdung zu erwarten ist oder das Ausmaß der erforderlichen Betreuung und Pflege die Teilnahem an Maßnahmen im Berufsbildungsbereich oder sonstige Umstände ein Mindestmaß wirtschaftlich verwertbarer Arbeitsleistung im Arbeitsbereich dauerhaft nicht zulassen.

(3) Behinderte Menschen, die die Voraussetzung für eine Beschäftigung in einer Werkstatt nicht erfüllen, sollen in Einrichtungen oder Gruppen betreut und gefördert werden, die der Werkstatt angegliedert sind.

Laut §1 der Werkstättenverordnung vom 19. Juni 2001 heißt es weiterhin:

(1) „Die Werkstatt für behinderte Menschen hat zur Erfüllung ihrer gesetzlichen Aufgaben die Voraussetzung dafür zu schaffen, dass sie die behinderten Menschen im Sinne des § 136 Abs. 2 des Neunten Buches Sozialgesetzbuch aus dem Einzugsgebiet aufnehmen kann."

(2) „Der unterschiedlichen Art der Behinderung und ihrer Auswirkung soll innerhalb der Werkstatt durch geeignete Maßnahmen, insbesondere durch Bildung besonderer Gruppen im Berufs- und Arbeitsbereich, Rechnung getragen werden."

Somit lässt sich sagen, dass die WfbM für viele Behinderte die Arbeitswelt bedeutet, von der sie sonst völlig ausgeschlossen wären.
In einer Gesellschaft, in der nahezu jeder Mensch im arbeitsfähigen Alter, einer Erwerbstätigkeit nachgeht oder eine anstrebt, ist derjenige gesellschaftlich isoliert, dem die Arbeitswelt wegen Behinderung verschlossen bleibt. Dieses Ausgeschlossensein wird als Notlage definiert. So sieht z.b. das Bundessozialhilfegesetz (BSHG) staatliche Hilfe – Eingliederungshilfe- für denjenigen vor, der sich aufgrund seiner Behinderung aus eigener Kraft nicht aus einer Isolierung befreien kann. Hilfe zur Erlangung eines Berufes oder auch zur Ausübung einer Tätigkeit in einer WfbM sind Grundlagen für die Teilnahme am Leben in der Gemeinschaft im Sinne des BSHG. (Vergl. WfbM Handbuch 10, 1992)
Demnach soll eine WfbM dem Behinderten:

5

- Arbeit bieten
- ihm ermöglichen Leistungsfähigkeit zu entwickeln, zu erhöhen oder wiederzugewinnen
- die Möglichkeit geben, ein angemessenes Arbeitsentgelt zu erreichen
- ein breites Arbeitsangebot bieten
- einen begleitenden Dienst zur Verfügung stellen
- offen stehen, unabhängig von Art und Schwere der Behinderung, sofern sie in der Lage sind ein Mindestmaß wirtschaftlich verwertbarer Arbeitsleistung zu erbringen.

(Vergl. Werkstätten für Behinderte, 1997)

5. Die Werkstatt zwischen Ökonomie und Pädagogik

Wie in den oberen Abschnitten bereits erwähnt gibt es in einer WfbM immer unterschiedlich starke Beschäftigte. Doch wie viel muss ein Arbeiter leisten, damit es als wirtschaftlich verwertbar gilt?

Ich habe während meiner Zeit in den Werkstätten die Erfahrung machen müssen, dass auf Grund der schlechten Wirtschafts- und Angebotslage sehr häufig der pädagogische Auftrag in den Hintergrund gestellt wurde.

Man war dankbar, wenn eine Firma einen Auftrag gab und versuchte diesen dann auch bestmöglich und schnell zu erledigen.

Ob die Beschäftigten für diese Arbeit geeignet waren oder nicht war zweitrangig – Hauptsache man hatte den Auftrag.

Für diese Aufträge wurden dann die „Leistungsstarken" herangezogen oder die Arbeit wurde fast komplett von den Gruppenleitern übernommen. Die Beschäftigten wurden dann entweder gar nicht oder mit „stupider" nicht effektiven Arbeiten beschäftigt. Das konnte dann schon mal so aussehen, dass sie den ganzen Tag Schrauben zählen und eintüten mussten, die der Gruppenleiter am Ende des Tages wieder in einer Kiste zusammenschüttete. (Ich beziehe mich hierbei ausschließlich auf meine eigenen Erfahrungen.)

Besonders schlimm war es, wenn die Beschäftigten diesen Vorgang des „Zusammenschüttens" noch mitbekamen, und dies hinterfragten. Viele kamen zu dem Schluss, das sie eine unnütze Arbeit geleistet haben und protestierten manchmal auch lautstark.

Für das Selbstwertgefühl der Beschäftigten ist es nämlich sehr wichtig, dass sie eine ökonomisch sinnvolle und effiziente Arbeit übernehmen.

Selbstverständlich darf man dabei nicht außer acht lassen, dass die Werkstatt wirtschaftliche Arbeitsergebnisse anstreben muss, um den behinderten Beschäftigten im Arbeitsbereich ein ihrem Leistungsvermögen möglichst angemessenes Arbeitsentgelt zahlen zu können.

Dieses Arbeitsentgelt, das aus dem Produktionserlös der WfbM gezahlt wird setzt sich aus einem einheitlichen Grundbetrag und einer leistungsabhängigen Prämie zusammen. Im Bundesdurchschnitt beträgt das Arbeitsentgelt zur Zeit etwa 120 – 130 Euro monatlich. (Vgl. www.Werkstatt für Behinderte .de)

Die behinderten Werkstattbeschäftigten sind unfall-, kranken-, pflege- und rentenversichert, jedoch in der Regel nicht in die Arbeitslosenversicherung einbezogen.

Um Auftragseinbrüche durch konjunkturelle Schwankungen zu vermeiden, stützen sich die Werkstätten in der Regel auf drei ökonomische Standbeine: Auftragsarbeiten, Eigenproduktion und Dienstleistungen.

Erwähnenswert ist, dass in der Eigenproduktion meist der größte Arbeitsspielraum besteht und dieser Bereich somit auch für die „arbeitsschwachen" Beschäftigten zugänglich ist. Im Bereich der Auftragsarbeit oder der Dienstleistungen fallen diese Arbeitnehmer jedoch durch das Raster, da sie eben - auf grund ihrer Behinderung - nicht diese Maß an wirtschaftlich verwertbarer Arbeit leisten können.

6. Konzeption der Werkstatt für behinderte Menschen - am Bsp. Baunataler Werkstätten

Das Ziel einer Werkstatt sollte sein, geistig, seelisch und mehrfach behinderte Menschen die Eingliederung in das berufliche und gesellschaftliche Leben zu ermöglichen.

Dies erfolgt z.B. in den Baunataler Werkstätten im Eingangs- und Trainingsbereich durch planmäßige Anleitung und Betreuung hinsichtlich Neigung und Fähigkeiten unter Weiterentwicklung der Persönlichkeit.

Im Arbeitsbereich durch Anleitung und Einarbeitung mittels ausgebildeten Fachkräften aus Industrie, Handwerk und Sozialberufen.

Im Förderbereich und in der Tagesförderstätte durch ganzheitliche Betreuung und Pflege, sowie tagesstrukturierten Angeboten.

In einer Werkstatt für behinderte Menschen geht es um „berufliche Bildung" und „Beschäftigung", aber auch um „Entwicklung der Persönlichkeit" und „Leistungsfähigkeit". Diese zwei Seiten machen deutlich, dass die WfbM durch ein unaufhebbares Spannungsfeld unterschiedlichster Aufgaben gekennzeichnet ist.

Somit geht es um Arbeit – aber zugleich auch um berufliche Bildung. Es soll Leistungsfähigkeit erzielt und zugleich die Persönlichkeitsentwicklung gefördert werden. Dadurch wird ein hohes Maß an Flexibilität, Dynamik und Kompetenz vorausgesetzt. So muss eine WfbM z.b. flexibel sein, da sie unter dem Aspekt von individueller Hilfe, Rehabilitation, gesellschaftlicher Eingliederung und Wirtschaftlichkeit sehr unterschiedliche Lösungen bereithalten muss.

Eine gewisse Dynamik muss sie besitzen, da sie den Veränderungen des Klientel, und denen der ökonomischen und gesetzlichen Rahmenbedingungen offensiv begegnen muss. Des weiteren erfordert die Verschiedenartigkeit der Aufgaben z.b. für die Betreuer ein hohes Maß an Kompetenz.

In der Konzeption der Baunataler Werkstätten heißt es weiterhin:

„Wir bieten in unserer Werkstatt geeignete Arbeitsplätze für Menschen mit Behinderungen, wobei unsere Leistungen am Einzelfall ausgerichtet sind. Das Arbeitsangebot umfasst folgende Bereiche: Industriemontage, -verpackung, Metallverarbeitung, Näherei, Wäscherei, Druckerei, Recycling, Gärtnerei, Bäckerei / Konditorei, Metzgerei, Hofgut, Malerei, Holzverarbeitung, Haus- und Hofdienst, Hauswirtschaft.

Die Arbeit in unserer Einrichtung orientiert sich an Auftrag und Grundsätzen der Diakonie."

7. Möglichkeiten und Grenzen der Anpassung der Arbeitsanforderung an die individuelle Situation des einzelnen Behinderten

Laut § 1 Abs. (1) der Werkstättenverordnung soll „die Werkstatt über ein möglichst breites Angebot an Arbeitsplätzen verfügen um Art und Schwere der Behinderung, der unterschiedlichen Leistungsfähigkeit, Entwicklungsmöglichkeit sowie Eignung und Neigung der behinderten Menschen soweit wie möglich Rechnung zu tragen."

Die Arbeitsplätze sollen in ihrer Ausstattung soweit wie möglich denjenigen auf dem allgemeinen Arbeitsmarkt entsprechen. Bei Gestaltung der Plätze und den Arbeitsabläufen sind die besonderen Bedürfnisse der behinderten Menschen so weit wie möglich zu berücksichtigen, um sie in die Lage zu versetzen wirtschaftlich verwertbare Arbeitsleistungen zu erbringen. Die Erfordernisse zur Vorbereitung für eine Vermittlung auf dem allgemeinen Arbeitsmarkt sind zu beachten.

Um somit jeden Menschen in einer WfbM effektiv einzusetzen bedeutet dies für die Gruppenleiter folgendes:

Sie müssen beobachten und einschätzen, welcher Beschäftigte in welcher Gruppenform (Groß- oder Kleingruppe) und welchem Arbeitsbereich am idealsten untergebracht ist. Ähnliches gilt für die Beschaffenheit der Räume. Bei der Wahl des Arbeitsplatzes ist außerdem darauf zu achten, dass sich der Beschäftigte bewegen kann, ohne durch Arbeitsmaterialien, -geräte oder Einrichtungsgegenstände gefährdet zu werden.

Des weiteren sollte man sich versichern, dass der Beschäftigte bequem und sicher sitzt oder steht und so gut arbeiten kann. D.h. Stühle und Tische, sowie Maschinen müssen individuell eingestellt werden.

Natürlich gibt es noch andere Faktoren, die eine individuelle Anpassung an die Arbeit ermöglichen, wenn sie vorhanden sind oder geschaffen werden können. Dazu zählt z.b. der Personalschlüssel, Zeit, die Beziehungen zwischen Arbeitnehmern und Gruppenleitern und die Einstellung zur Arbeit selber. Sieht man die Arbeit als etwas positives, was einen Sinn ergibt, wodurch man soziale Kontakte pflegen kann und Anerkennung erhält, arbeitet man gern. Hat man jedoch eine negative Einstellung zur Arbeit, schlägt sich das in seinem Arbeitsverhalten nieder. Man erbringt dann z.b. nicht die Leistung die man erbringen könnte, da man vielleicht mehr fehlt oder sich mit anderen Sachen ablenkt.

Hier ist es Sache des Gruppenleiters, motivierend und bestärkend einzugreifen. Man kann Arbeit auch anpassen, indem man sie „schmackhaft" macht. In erster Linie ist es nämlich ganz wichtig für die weitere Zusammenarbeit, dass der Beschäftigte bereit ist zu arbeiten. Was er leisten kann, welche Arbeit er macht und wie viel er produziert, sollte daher erst mal im Hintergrund stehen.

Ausschlaggebend für die Anpassung an die Arbeitsanforderungen ist auch die Art und der Grad der Behinderung des Beschäftigten

Am nun folgenden Beispiel möchte ich verdeutlichen, wie es aussehen kann, wenn man eine Arbeit individuell an einen Beschäftigten anpasst.

Ich hatte in meiner Arbeitsgruppe eine geistig behinderte Beschäftigte, die aufgrund einer Muskelerkrankung (neurogenen Muskelatrophie) ihre Arme, Hände und Beine nicht mehr so gut bewegen kann. Normales Greifen ist ihr fast nicht mehr möglich. Des weiteren hat sie kaum noch Kraft in Händen und Beinen und hat auf dem Gebiet der Feinmotorik große Probleme. Diese Beschäftigte fiel mir am Anfang dadurch auf, dass sie meistens nur in ihrem Rollstuhl „rumsaß" und nichts zu tun hatte. Dementsprechend unzufrieden erschien sie und verhielt sie sich auch. Sie konnte zwar Zündelektroden vormontieren, dies machte ihr aber keinen großen Spaß, da das Ergebnis mengenmäßig meist nicht so überwältigend ausfiel. Meines Erachtens deprimierte sie das und nahm ihr die Lust an dieser Arbeit. Das einzige was

ihr von Zeit zu Zeit Freude zu machen schien war, das man sie beauftragte, darauf zu achten, dass sich beim Zuschneiden eines Kabels, welches sie durch ihre Finger gleiten ließ, keine Schlingen oder Knoten bildeten. Diese Arbeit machte ihr Spaß, kam aber viel zu selten vor. Eines Tages war es so, dass wir einen neuen Auftrag bekamen, der von den Gruppenleitern vorgefertigt werden musste. Es musste ein transparenter Schlauch mit einer Maschine auf ein bestimmtes Maß geschnitten, und dann in der Mitte auf einer bestimmten Länge mit Spiralband umwickelt werden. Das Spiralband wurde an beiden Enden mit Klebeband fixiert.

Ich bereitete den Schlauch soweit vor, dass ich ihn an den Stellen markierte, an denen das Spiralband einen beginnen und ein enden sollte, und fixierte das Band am Anfang mit einem Klebestreifen. Nun musste noch der Rest des Spiralbandes um den Schlauch gewickelt werden. Ich dachte mir, dass ich einigen Beschäftigten anbieten würde sich daran auszuprobieren, aber dann kam diese oben beschriebene Beschäftigte auf mich zu, fragte was ich mache und was das werden solle. Ich erklärte es ihr und sie fragte mich, ob sie es einmal ausprobieren dürfte. Natürlich durfte sie, und wer hätte es gedacht, sie entwickelte sofort eine ganz spezielle Technik um den Schlauch halten zu können. Sie presste ihn mit der einen Hand auf ihr Bein und mit der anderen zog sie das Spiralband irgendwie herum, bis es auf dem Schlauch platziert war. Sie war also in der Lage eine Arbeit zu erledigen, die sogar von unseren „Leistungsstarken" abgelehnt worden war, da sie für zu schwierig oder zu anstrengend gehalten wurde. Das war ihre Arbeit. Voller Begeisterung begann sie das Spiralband um die vorgefertigten Schläuche zu wickeln. Sie blieb den ganzen Tag an dieser Arbeit dran und es schien ihr sichtlich Freude zu machen. Am nächsten Tag begann sie gleich nach Ankunft wieder mit dem Wickeln und es durfte ihr keiner auch nur einen Schlauch wegnehmen. Als ich sie bei einem Toilettengang am Vormittag begleitete, sah ich jedoch, dass ihr Bein, auf den sie den Schlauch presste ganz wundgescheuert war und Blasen aufwies. Auch an ihren Fingern waren Rötungen und Blasen zu erkennen. So konnte sie diese Arbeit also nicht mehr weitermachen, da sie sich dadurch verletzte. Nun lag es an uns (meinem Kollegen und mir) zu überlegen, wie wir für sie diese Arbeit leichter machen konnten. Nach einigen Überlegungen kamen wir zu dem Entschluss, ihr ein Kissen auf die Beine zu binden und ihre Hände mit Pflastern zu schützen. Dies war die einzige Möglichkeit für sie weiterzuarbeiten, und das wollte sie auf jeden Fall. Sie konnte gut mit dem Kissen und den Pflastern arbeiten und schaffte den ganzen Auftrag. Sie war so stolz auf ihre Arbeit, dass sie sie sogar mit nach Hause nahm, um sie allen zeigen zu können. Diese Arbeit war einfach ideal für sie, dies bestätigte uns auch die Krankengymnastin, da durch das Wickeln viele verschiedene Muskeln angesprochen wurden. So kann es also aussehen, wenn man versucht

Arbeit individuell anzupassen. Dies war nur ein Beispiel von vielen, doch meiner Meinung nach zeigt es, wie wichtig die individuelle Anpassung für alle Beschäftigten sein kann.

8. Eigene Beobachtungen zum Verhalten der Arbeitnehmer

Während meiner Arbeitszeit in den Baunataler Werkstätten habe ich einen guten Einblick in das unterschiedliche Arbeitsverhalten der Beschäftigten bekommen. Man kann nicht sagen, dass jemand, der bei einer Arbeit sehr gut, schnell oder belastbar war, es bei der nächsten auch ist. Es spielen viele Faktoren eine Rolle. Die Kunst liegt darin, die Arbeit so auf den Beschäftigten zuzuschneiden, dass er zufrieden ist und eine gewisse Leistung erbringen kann, die ihm durchaus zuzumuten ist. Selbstverständlich sollen die Beschäftigten auch ihre Vorstellung von Arbeit und Möglichkeiten zur Hilfestellung/Erleichterung mit einbringen. Wichtig ist vor allem, das die Arbeit Spaß macht. Es gibt einige Beschäftigte, die sind kaum in ihrer Arbeit zu bremsen, wenn sie ihnen Spaß macht. Sie leisten überdurchschnittlich viel. Außenstehende würden denken, dass diese Person zu den Leistungsstarken gehört. Würde man ihr aber eine Arbeit geben, die dieser Person keinen Spaß macht, gehört sie auf einmal zu den Leistungsschwachen, da es ihr an Motivation fehlt.

Ich konnte deutlich beobachten, dass es Beschäftigte gab, die jeden Tag mit der gleichen Motivation zur Arbeit erschienen und welche, deren Motivation Arbeits-, Stimmungs- oder Situationsabhängig war.

D.h., man muss sich gerade auf die zuletzt genannten immer wieder neu einstellen bzw. die Arbeit oder die Situation immer wieder neu anpassen. Es ist nicht einfach mit so vielen unterschiedlichen Menschen zu arbeiten, wenn man das Ziel hat auf jeden individuell einzugehen. Jeder hat andere Fähig- und Fertigkeiten und andere Ansprüche, denen man gerecht werden soll.

Meines Erachtens hat Arbeit für die meisten geistig behinderten Menschen einen positiven Aspekt und dementsprechend verhalten sie sich auch. Sie sind arbeitswillig und lernbereit, jeder nach seinen persönlichen Maßstäben.

Erstaunlich ist, wie unterschiedlich die Beschäftigten mit der Arbeit umgehen. Der eine schiebt seine Arbeit seinem Tischnachbarn unter, der andere nimmt seinem Kollegen bereitwillig die Arbeit ab. Der nächste verlässt die Gruppe, wenn die Arbeit zu viel oder zu schwer wird, der andere versucht sich der Herausforderung mit allen Möglichkeiten zu stellen. Einer stapelt sorgfältig, die von ihm geschaffenen Produkte auf dem Tisch oder in

Kisten, zählt sie vielleicht sogar noch, ein andere entsorgt sie unachtsam oder unvollständig irgendwo. Und wenn es im Müll oder auf dem Fußboden ist.

Jeder Mensch geht also individuell mit seiner Arbeit um, er hat seine eigene Art und Weise, sie zu erledigen und sich um sie zu kümmern, sie fertig zu stellen oder zu entsorgen. Daher ist es nicht einfach das Arbeitsverhalten der gesamten Gruppe zu pauschalisieren. Außerdem hängt es auch immer ein bisschen vom Gruppenleiter ab, wie Beschäftigte ihre Arbeit erledigen. Wird es ihnen gut und verständlich erklärt, ist die Chance größer, dass sie zufriedenstellende Ergebnisse präsentieren, nimmt man sich wenig Zeit muss man damit rechnen, einen Mehraufwand beim Kontrollieren zu haben.

Hat man ein Gespür dafür entwickelt, wer welche Arbeit gut machen kann, ist es nicht schwer die Leute zu beschäftigen und gute, angemessene Produkte zu erhalten.

Meiner Meinung nach empfinden die Beschäftigten ebenso, sie haben ein Gespür dafür, ob man sich Zeit nimmt, sie ab und zu lobt, ihnen unverständliche Dinge erklärt und einfach auf sie und ihre Arbeit eingeht. Wenn man ihnen dieses Gefühl gibt, setzen sie sich auch schon mal mit schwieriger Arbeit auseinander und/oder probieren eine bestimmte Tätigkeit bis sie klappt. Somit kann man auch ihre Ausdauer und Konzentration fördern.

8. Stellungnahme

Ich habe in meiner Ausarbeitung versucht darauf hinzuweisen, was Arbeit vor allem für den behinderten Menschen sein kann und sein soll. Kritisch betrachten möchte ich jedoch immer noch den Aspekt der Arbeitsleistung und der somit wirtschaftlich erbrachten Leistung.

Dazu ist zu sagen, dass behinderte Menschen genauso ihren Teil an wirtschaftlicher Arbeit erbringen, wie Nichtbehinderte. Sie haben nur ein wenig geänderte Voraussetzungen, da sie anders belastbar und vielleicht eingeschränkt einsetzbar sind. Für einige Behinderte ist der Werkstattbesuch sogar der einzige Weg sich gesellschaftlich zu integrieren, da sie in ihrer Freizeit nicht die Möglichkeit haben Anschluss an Vereine, Institutionen oder ähnliches zu finden.

Erwähnenswert finde ich außerdem, dass zu beobachten ist, das viele Behinderte eine andere Einstellung zur Arbeit haben als viele nichtbehinderte Menschen. Meiner Meinung nach gehen viele geistig Behinderten gerne zur Arbeit, weil sie sie mögen. Sie sind motiviert jeden Tag z.B. Schrauben einzuzählen, weil sie darin eine gewisse Sicherheit finden und es ihnen Bestätigung gibt. Manch anderer hätte bei dieser monotonen Arbeit längst resigniert, aber diese Menschen haben dafür einen anderen Blick. Meiner Erfahrung nach sehen sie das

positive in der Arbeit, nämlich das sie in der Lage sind eine genaue Anzahl von Schrauben in eine Tüte zu packen und nicht, dass sich dieser Arbeitsvorgang zig mal wiederholt. Ich finde das gerade darin auch der pädagogische Auftragt liegt. Man sollte diesen Menschen helfen ihre Fähig- und Fertigkeiten zu schulen und zu halten und sie nicht so einem massiven wirtschaftlichen Druck aussetzten. Der Mensch sollte immer noch im Vordergrund stehen und nicht die Anzahl seiner Produkte. Leider wird das in der heutigen Zeit auch in einer beschützenden Werkstatt schwierig, dennoch hoffe ich, dass man den Ansatz dieser Einrichtungen nicht ganz vergisst.

9.Literaturangabe

Arbeit + Lebenserfüllung in WfB für Menschen mit Down-Syndrom, Wilken U.,
Werkstatt: Dialog Heft, 4/99 Frankfurt 1999

Geistige Behinderung, Fachzeitschrift der Bundesvereinigung Lebenshilfe für Menschen mit geistiger Behinderung e.V., 39. Jahrgang, Okt. 2000

Hans Furrer, Wissenswertes zur Erwachsenenbildung 1998

Knaurs Lexikon, Droemer Verlag, München 1991

Menschen mit geistiger Behinderung und ihre Erziehung, Otto Speck, Ernst Reinhardt Verlag München/ Basel, 5.Auflage 1990

Ratgeber für behinderte Menschen, Bundesministerium für Gesundheit und Soziale Sicherung Referat Öffentlichkeitsarbeit, Berlin 2002

Werkstätten für Behinderte / Die Rechtsgrundlage, H.Cramer, Verlag C. H.Beck München 1997

WfB Handbuch 10/ 1992, Bundesarbeitsgemeinschaft WfbM / Lebenshilfe-Verlag Marburg 1992

www.Werkstatt für Behinderte.de